Ein Restaurant im ausrangierten Speisewagen –

das war der Diner ursprünglich in den dreißiger Jahren. Heute ist er Kultobjekt, die langgezogene Form des Wagons hat sich erhalten, und es steht immer noch eine Music-Box in jedem Diner. Das Essen ist einfach, gut und nicht teuer, das Ambiente einzigartig! Ein echtes Stück Amerika!

Omelett mit Bacon

Die Amerikaner nennen ihre Bratkartoffeln »Hash Browns«.

Zum Sattessen

Zutaten für 2 Personen:
Für die Hash Browns:
250 g festkochende Kartoffeln
6 Scheiben Bacon
1 kleine Zwiebel
einige Zweige Petersilie
1 Eßl. neutrales Öl
1 Eßl. Butter
Salz
Pfeffer
Für die Omeletts:
4 Eier
1 Eßl. Wasser
Salz
Pfeffer
2 Eßl. Butter

- Zubereitungszeit: 35 Minuten
- Kochzeit für die Kartoffeln: 30 Minuten

Pro Portion etwa: 3000 kJ/730 kcal

1

Die Kartoffeln in Salzwasser ca. 30 Minuten kochen. Abgießen, etwas abkühlen lassen und pellen.

2

Den Backofen auf 70 °C vorheizen. Eine schwere Pfanne erhitzen und den Bacon darin ohne Fettzugabe kroß braten. Baconscheiben kurz auf Küchenpapier legen und dann im Ofen warmhalten.

3

Kartoffeln in 0,5 cm dicke Scheiben schneiden. Zwiebel schälen und fein würfeln. Petersilie waschen und fein hacken. Öl zu dem Speckfett in die Pfanne geben und erhitzen. Die Kartoffeln mit den Zwiebelwürfeln gut vermischen und in der Pfanne bei mittlerer Hitze goldbraun braten, dabei ab und zu wenden. Zum Schluß Butter und Petersilie untermischen. Mit Salz und Pfeffer würzen. Im Backofen warmhalten.

4

Für die Omeletts die Eier mit dem Wasser gut verquirlen, salzen und pfeffern. In einer zweiten, möglichst beschichteten Pfanne mit Deckel 1 Eßlöffel Butter erhitzen. Die Hälfte der Eimasse in die Pfanne geben und bei milder Hitze zugedeckt etwa 3–4 Minuten stocken lassen; sie sollte oben noch cremig-flüssig sein. Das Omelett zusammenklappen, auf einen Teller geben und ebenfalls im Backofen warmhalten. Das zweite Omelett genauso backen.

5

Bratkartoffeln und Bacon zu den Omeletts geben. Heiß servieren.

Coca-Cola
Coca-Cola

Blaubeer-Pfannkuchen

Kein amerikanisches Frühstück ohne Pancakes: kleine Pfannkuchen.

Ideal für Kinder

Zutaten für 4 Personen:
150 g Mehl
1 Eßl. Zucker
1 1/2 Teel. Backpulver
1/2 Teel. Natron
1/4 Teel. Salz
1 Prise Muskatnuß
2 Eßl. Butter
1 Ei
100 ml Milch
125 ml Buttermilch
150 g Blaubeeren (frisch oder tiefgekühlt)
Butter zum Backen und zum Servieren
1/8 l Ahornsirup

• Zubereitungszeit: 35 Minuten

Pro Portion etwa: 1600 kJ/380 kcal

!

Variante Bananen-Pancakes: 1 zerdrückte Banane unter den Teig rühren. Blaubeeren nicht mitbacken sondern zuckern, eventuell mit Sahne-Quark mischen, zu den Pancakes servieren.

1

Mehl mit Zucker, Backpulver, Natron, Salz und Muskatnuß vermischen.

2

Die Butter zerlassen. In einer großen Schüssel Ei, Milch und Buttermilch mit dem Handrührgerät gut verquirlen. Zuerst die Butter und dann das Mehlgemisch unterrühren, bis der Teig glatt ist.

3

Frische Blaubeeren waschen und sehr gut abtropfen lassen. Tiefgekühlte Beeren am besten gefroren verarbeiten.

4

In einer großen, beschichteten Pfanne etwa 1 Eßlöffel Butter zerlassen. Kleine Pancakes in die Pfanne setzen. Auf jedem Pancake 1 Eßlöffel Blaubeeren verteilen (Seite 18).

5

Wenn der Teig gestockt und die Unterseite goldbraun ist, die Pancakes wenden und backen, bis die andere Seite ebenfalls goldbraun ist. Fertige Pancakes im Backofen warmhalten. Mit dem restlichen Teig genauso verfahren, bis er aufgebraucht ist, dabei immer wieder etwas frische Butter in die Pfanne geben (Seite 18). Die Teigmenge ergibt ca. 12 Pancakes.

6

Die Pancakes warm servieren. Mit Butter und Ahornsirup anrichten (Seite 18) oder beides dazureichen.

Passenger Ship Term
ELEVATED
W57th
W53rd
The Pond
E60th
E57th
QUEENSBORO BRIDGE
Sutton Pl.
West
East
Blvd.
21st
45th Av.
46th Av.
JACKSON
Dutch Kills
30th St.
Creek
Kingsland

Himbeer-Muffins

Nicht nur Kinder lieben Mmm-Muffins. Hier eine Variante mit Frischkäse.

Raffiniert

Zutaten für 12 Stück:
150 g Doppelrahmfrischkäse
3 Eier
200 g Zucker
1 Päckchen Vanillezucker
125 ml Milch
90 g Butter
300 g Mehl
2 Teel. Backpulver
1/2 Natron
1/2 Teel. Salz
100 g tiefgekühlte Himbeeren

- Zubereitungszeit: 20 Minuten
- Backzeit: 25 Minuten

Pro Stück etwa: 1280 kJ/305 kcal

!

Wenn Sie keine Muffinsbackform haben, können Sie auch jeweils zwei bis drei Papierbackförmchen ineinander setzen.

1

Backofen auf 200 °C vorheizen. Eine Muffinsbackform fetten oder je 1 Papierbackförmchen in die Mulden setzen (Seite 19). Den Frischkäse mit 1 Ei, 50 g Zucker und der Hälfte des Vanillezuckers verrühren, bis eine glatte Masse entstanden ist.

2

In einem Topf die Milch und die Butter bei mittlerer Hitze erwärmen, bis die Butter geschmolzen ist. Vom Herd nehmen und etwas abkühlen lassen. Die übrigen Eier unterrühren.

3

In einer großen Schüssel das Mehl mit dem restlichen Zucker, Vanillezucker, Backpulver, Natron und Salz vermengen. Das Milch-Butter-Ei-Gemisch mit dem Handrührer unterrühren, bis ein glatter Teig entsteht.

4

Die noch gefrorenen Himbeeren mit einem Löffel unterheben. Den Teig gleichmäßig auf die 12 Muffinförmchen verteilen (Seite 19).

5

Die Frischkäsemasse auf dem Teig verteilen. Ein Messer von oben durch beide Teigschichten ziehen, um die beiden Massen etwas miteinander zu verbinden (Seite 19). Im Backofen (Mitte, Umluft 180°) 25 Minuten backen, bis die Muffins leicht goldbraun sind.

Chili con carne

Es stammt aus Texas und heißt dort »A bowl of red« – eine Schale Rotes.

Klassiker

Für 4 Personen:
1 kg mageres Rindfleisch
2 Zwiebeln
2 Knoblauchzehen
1 kleine Dose Tomaten oder 500 g frische Tomaten
3 grüne Chilischoten
2 Eßl. Pflanzenöl
1/2 Teel. gemahlenes Cumin
1/2 Teel. Oregano
1–2 Eßl. Chili-Pulver
1/2 Teel. Salz
1/4 l Wasser

- Zubereitungszeit: 45 Minuten
- Kochzeit: 1 Stunde

Pro Portion etwa: 1670 kJ/400 kcal

!

Meistens enthält das Chili auch **Bohnen**: kleine schwarze oder rote Kidneybohnen. Dafür nehmen Sie am besten Bohnen aus der Dose und fügen sie bei Punkt 3 mit all den anderen Zutaten zu. Die Gewürzmenge muß je nach Menge der Bohnen erhöht werden. Das fertige Chili noch einmal kräftig abschmecken.

1

Das Fleisch in ca. 1 cm große Würfel schneiden. Die Zwiebeln und die Knoblauchzehen pellen und fein hacken. Die Tomaten aus der Dose würfeln, Saft aufbewahren. Frische Tomaten kurz in kochendes Wasser tauchen, kalt abspülen, die Haut abziehen. Dann ebenfalls würfeln. Die Chilischoten waschen, entkernen und fein hacken.

2

Das Öl in einer schweren, großen Pfanne erhitzen. Das Fleisch darin portionsweise bei mittlerer Hitze jeweils ca. 2 Minuten anbraten. Fleisch aus der Pfanne nehmen und beiseite stellen. In der gleichen Pfanne Zwiebeln und Knoblauch bei mittlerer Hitze 3–4 Minuten anbraten.

3

Fleisch wieder in die Pfanne geben. Tomaten mit ihrem Saft, Chilischoten und alle Gewürze unterrühren. Nach 5 Minuten das Wasser dazugeben und zum Kochen bringen. Die Hitze verringern, das Chili 1 Stunde im offenen Topf köcheln lassen und dabei gelegentlich umrühren.

CHILI · BEER
KILL A THIRST

Baked Potatoes mit Dip

Die klassischen Ofenkartoffeln – lecker als Beilage oder als Party-Snack.

Preiswert

Zutaten für 4 Personen:
4 große mehligkochende Kartoffeln (ca. 1000 g)
1 Eßl. Butter
Für den Schnittlauch-Dip:
1/2 Bund Schnittlauch
200 g Schmand (saure Sahne mit 24 % Fett) oder Crème fraîche
Salz
Pfeffer aus der Mühle

- Zubereitungszeit: 15 Minuten
- Backzeit: 1 Stunde

Pro Portion etwa: 1340 kJ/320 kcal

!

Zu den Kartoffeln schmeckt auch der **Bluecheese-Dip** (Seite 26) ausgezeichnet. Oder ein **Curry-Dip mit Sesam**: Dafür 2 Eßlöffel Sesamsamen ohne Fett goldgelb rösten. 100 g Doppelrahmfrischkäse, 150 g Quark, 2 Eßlöffel Milch, 1 durchgepreßte Knoblauchzehe und 1/2 Teelöffel Curry verrühren. Sesam untermischen, mit Salz abschmekken. Dieser Dip paßt auch sehr gut zu rohem, kleingeschnittenem Gemüse.

1

Den Backofen auf 250° vorheizen. Die Kartoffeln mit der Gemüsebürste unter fließendem Wasser gut reinigen.

2

Die Kartoffeln einzeln auf ein Stück Alufolie legen, dabei sollte die glänzende Seite der Alufolie oben sein. Ein kleines Stück Butter auf jede Kartoffel setzen und die Kartoffeln fest mit der Alufolie umwickeln.

3

Die Kartoffeln im Backofen (Mitte, Umluft 220°) etwa 1 Stunde backen. Mit einer Gabel einstechen, um eine Garprobe zu machen. Die Kartoffeln sollten durch und durch weich sein. Eventuell noch etwas länger im Ofen lassen.

4

Während die Kartoffeln backen, den Dip zubereiten: Schnittlauch waschen, trockentupfen, in Röllchen schneiden und mit dem Schmand verrühren. Mit Salz abschmecken.

5

Zum Servieren die Kartoffeln entweder ganz auspacken oder die Alufolie nur oben etwas öffnen. Schnittlauchschmand, Salz und Pfeffer in der Mühle dazu servieren.

Steak mit Kräuterbutter und Mais

Corn on the Cob (Mais am Kolben) ist das Lieblingsgemüse der Amerikaner.

Für Gäste

Zutaten für 4 Personen:
Für die Kräuterbutter:
1 Knoblauchzehe
2 Eßl. gemischte Tiefkühlkräuter (oder frische Kräuter, z. B. Schnittlauch, Petersilie, Dill)
1/4 Teel. Salz • 100 g Butter
Für die Maiskolben:
4 frische Maiskolben
1/2 Teel. Salz
1 Teel. Zucker
3–4 Eßl. Butter
Für die Steaks:
4 Rumpsteaks (à 170 g) oder 4 Filetsteaks (à 150 g)
Öl zum Braten
Salz • Pfeffer

• Zubereitungszeit: 40 Minuten

Pro Portion etwa: 2800 kJ/670 kcal

!

Ganz wichtig: Nur wirklich **frische Maiskolben** verwenden. Wenn sie länger aufbewahrt werden, verwandelt sich der darin enthaltene Zucker in Stärke und sie schmecken dann nur mehlig statt süß-aromatisch.

1

Für die Kräuterbutter die Knoblauchzehe pellen und durch die Presse drücken. Zusammen mit Kräutern und Salz unter die Butter kneten. Bis zur Verwendung in den Kühlschrank legen.

2

Maiskolben waschen. Einen ausreichend großen Topf mit Wasser füllen. Salz, Zucker und 1 Teelöffel Butter ins Wasser geben und zum Kochen bringen. Die Maiskolben in den Topf geben und den Mais 10–12 Minuten kochen lassen.

3

In der Zwischenzeit für die Steaks in einer schweren großen Pfanne 2 Eßlöffel Öl bei höchster Temperatur erhitzen. Wenn das Fett heiß ist, die Steaks hineingeben und von jeder Seite ca. 1 Minute kräftig anbraten, so daß die Steaks eine knusprig braune Kruste bekommen. Den Herd auf mittlere Hitze zurückdrehen und die Steaks von jeder Seite je nach Dicke noch 1–3 Minuten braten. Zur Garprobe leicht mit dem Finger auf die Steaks drücken. Sie sollten noch elastisch sein. In Folie gewickelt warmhalten.

4

Die Maiskolben in einem Sieb kurz abtropfen lassen und auf einer Platte anrichten. Die restliche Butter in Flöckchen darauf verteilen. Die Steaks auf vorgewärmten Tellern anrichten, salzen und pfeffern. Mit den Maiskolben und der Kräuterbutter servieren.

Caesar Salad

Dieser »Kaiser«-Salat ist wohl der bekannteste und beliebteste in ganz USA.

Raffiniert

Zutaten für 4 Personen:
Für die Croutons:
1 Stück italienisches Weißbrot oder Baguette (200 g)
2–3 Eßl. Olivenöl
1 Knoblauchzehe
Für das Dressing:
2 Sardellenfilets
1–2 Knoblauchzehen
20 g frisch geriebener Parmesan
1 Eßl. Rotweinessig
1–2 Teel. scharfer Senf
1 ganz frisches Eigelb
80 ml Olivenöl
Pfeffer
Und außerdem:
1 Romanasalat
2 Sardellenfilets
20 g dünn gehobelter Parmesan

• Zubereitungszeit: 25 Minuten

Pro Portion: etwa 1580 kJ/375 kcal

!

Hauchdünne Parmesanspäne kann man mit einem Sparschäler vom Käsestück abhobeln.

1

Für die Croutons das Brot in kleine Würfel schneiden. Das Öl in einer großen Pfanne erhitzen. Die Knoblauchzehe pellen, durch die Presse in das Öl drücken und damit vermischen. Die Hitze etwas herunterdrehen und die Brotwürfel in die Pfanne geben. Unter ständigem Rühren von allen Seiten leicht bräunen. Auf einem Teller abkühlen lassen.

2

Für das Dressing die Sardellen etwas kleinschneiden, den Knoblauch pellen und grob zerkleinern. In einem schmalen hohen Gefäß Sardellen, Knoblauch, Parmesan, Essig, Senf und Eigelb mit dem Pürierstab glattmixen. Das Öl in einem feinen Strahl zugeben dabei weiterrühren, bis eine cremige Soße entstanden ist. Mit Pfeffer würzen.

3

Den Romanasalat putzen und waschen. Die Blätter in kleine Stücke zerzupfen. Die Sardellenfilets in schmale Streifen schneiden.

4

Den Salat in eine Schüssel geben oder auf Tellern anrichten. Das Dressing und die Croutons darauf verteilen und mit den Sardellenfilets und dem Parmesan garnieren.

Blaubeer-Pfannkuchen backen

1 In einer beschichteten Pfanne ca. 1 Eßlöffel Butter erhitzen und kleine Pfannkuchen (ca. 10 cm ø) hineinsetzen. Dazu braucht man pro Pancake ca. 2–3 Eßlöffel Teig.

2 Solange der Teig noch flüssig ist, auf jedem Pancake ca. 1 Eßlöffel Blaubeeren, frisch oder noch gefroren, verteilen. Bei mittlerer Hitze backen.

3 Nach etwa 3–5 Minuten die Pancakes (sie sollten auf der Unterseite goldbraun sein) mit einem Holzspatel vorsichtig wenden. Eventuell am Pfannenrand noch etwas Butter zugeben.

4 Zum Servieren jeweils 3–4 Pancakes auf einen Teller geben, ein Stückchen Butter daraufgeben und etwas Ahornsirup darübergießen.

Himbeer-Muffins backen

1 Eine Backform für 12 Muffins entweder einfetten oder besser mit Papierförmchen versehen, denn diese Sorte Muffins kleben leicht in der Form fest.

2 Himbeeren unter den Teig rühren. Am besten gefrorene Beeren verwenden, frische werden leicht zerdrückt. Sie sollten gleichmäßig verteilt sein, trotzdem nicht zu lange rühren.

3 Die Himbeermasse gleichmäßig auf alle 12 Förmchen verteilen. Jeweils ca. 1–2 Eßlöffel von der Frischkäsemasse oben auf die Muffins setzen.

4 Um die Frischkäsecreme etwas mit der Himbeermasse zu vermischen, am besten ein spitzes Messer mehrmals von oben durch den Teig ziehen.

Hot Dogs mit Krautsalat

Was wäre ein Diner ohne Hot Dogs und Coleslaw; hier sind beide kombiniert.

Preiswert

Zutaten für 4 Personen:
Für den Krautsalat:
200 g Weißkohl
1/2 rote Paprikaschote
1/2 rote Zwiebel
1 Eßl. Mayonnaise
1 Teel. Crème fraîche
2 Teel. Meerrettich aus dem Glas
2 Teel. scharfer Senf
Salz • Pfeffer
Für die Hot Dogs:
4 Frankfurter Würstchen
4 Hot Dog-Brötchen
4 Scheiben Gouda (à 50 g)

• Zubereitungszeit: 40 Minuten

Pro Portion etwa: 2160 kJ/515 kcal

!

Variante: Sehr lecker schmeckt es auch, wenn Sie anstelle des Krautsalats Chili con Carne (Seite 10) verwenden. Wenn Sie die weichen Hot Dog-Brötchen nicht mögen, können Sie Baguettebrötchen nehmen.

1

Für den Salat den Weißkohl und die Paprikaschote waschen, putzen und in sehr feine Streifen schneiden. Die Zwiebel schälen und fein würfeln. In einer Schüssel Mayonnaise, Crème fraîche, Meerrettich und Senf gut verrühren, mit Salz und Pfeffer würzen. Das Gemüse gründlich untermischen. Mindestens 1 Stunde ziehen lassen.

2

Den Backofen vorheizen. Die Würstchen längs durchschneiden und für 3–5 Minuten unter den Grill geben. Die Brötchen so aufschneiden, daß sie noch an einer Längsseite zusammenhängen. Aufklappen und unter dem Grill ca. 4 Minuten toasten, bis sie leicht knusprig, aber nicht zu braun sind.

3

Vom Käse die Rinde abschneiden. Die Würstchen auf die Brötchen legen, die Käsescheiben darauflegen und für 1–2 Minuten unter den Grill schieben, bis der Käse schmilzt. Den Krautsalat auf den Hot Dogs verteilen und zuklappen. Mit Papierservietten servieren.

USA

Hamburger

Hier das Originalrezept – Hamburger aus reinem Rinderhack.

Klassiker

Zutaten für 4 Portionen:
Für den Fleischteig:
400 g Rinderhackfleisch
Salz
Pfeffer
Außerdem:
3 Tomaten
4 Blätter Romanasalat
1 rote Zwiebel
4 Hamburgerbrötchen oder Sesambrötchen
Je nach Belieben:
Mayonnaise
Senf
Ketchup
Gewürzgurken

• Zubereitungszeit: 20 Minuten

Pro Portion etwa: 1625 kJ/390 kcal

!

Varianten: Für **Cheeseburger** am Ende der Garzeit die Burger mit einer Scheibe Käse (Gouda, Chester, Schweizer Käse) belegen und schmelzen lassen. Für **Baconburger** in einer Pfanne pro Burger 2–3 Streifen Bacon kroß braten und mit in die Brötchen füllen.

1

Das Hackfleisch salzen und pfeffern und vier flache, runde Burger daraus formen (Seite 34).

2

Den Grill des Backofens vorheizen. Die Tomate und den Salat waschen und mit Küchenpapier trockentupfen. Die Tomate in dünne Scheiben schneiden. Die Zwiebel schälen und in feine Ringe schneiden.

3

Die Brötchen aufschneiden und die Innenseiten unter dem Grill des Backofens toasten, dabei nicht zu braun werden lassen.

4

Die Burger unter dem Grill des Backofens von jeder Seite 3–4 Minuten grillen, so daß sie an den Rändern leicht kroß sind.

5

Aus den vorbereiteten Zutaten die Hamburger zusammensetzen (Seite 34) und zusammen mit Gewürzgurken und evtl. Pommes frites anrichten.

Thunfisch-Käse-Sandwich

Im Amerikanischen »Tuna-Melt-Sandwich« genannt.

Zum Mitnehmen

Zutaten für 2 Personen:
Für den Thunfischsalat:
1 Dose Thunfisch im eigenen Saft
1/2 Stange Staudensellerie
1 Zitrone
1 Zweig Petersilie
1 Eßl. Kapern
1 Eßl. Mayonnaise (80 %)
1 Eßl. Joghurt
Pfeffer
Salz
Außerdem:
2 Salatblätter
4 Scheiben Vollkorn-Sandwichbrot
2 Scheiben Gouda à 40 g

- Zubereitungszeit: 25 Minuten

Pro Portion etwa: 1570 kJ/375 kcal

!

In den USA werden zu Sandwiches fast immer **Kartoffelchips** serviert.

1

Für den Thunfischsalat den Thunfisch aus der Dose in ein Sieb geben und abtropfen lassen. Staudensellerie waschen und in feine Würfel schneiden. Die Zitrone waschen, abtrocknen und etwas von der Schale abreiben (ca. 1/2 Teelöffel). Den Saft einer Hälfte auspressen.

2

Die Petersilie waschen und fein hacken, die Kapern ebenfalls hacken. Mayonnaise, Joghurt, Kapern, Petersilie, Zitronenschale und 1 Eßlöffel Zitronensaft verrühren, pfeffern und leicht salzen. Den Thunfisch zerpflücken und zusammen mit dem Sellerie gut mit der Sauce vermischen, so daß fast eine Art Paste entsteht.

3

Den Grill des Backofens vorheizen. Den Salat waschen und trockentupfen. Das Brot toasten. Vom Käse die Rinde abschneiden.

4

Den Thunfischsalat auf 2 Brotscheiben verteilen, den Käse darauflegen und unter dem Grill überbacken, bis der Käse geschmolzen ist. Herausnehmen und je 1 Blatt Salat auf die Thunfisch-Brote legen. Mit den anderen Brotscheiben bedecken, diagonal durchschneiden und sofort servieren.

Chicken Wings mit Käse-Dip

Knusprig fritierte Hähnchenflügel einfach zum Aus-der-Hand-essen!

Für Gäste

Für die Chicken Wings:
1000 g Hähnchenflügel (ca. 16 Stück)
1/2 l Pflanzenöl zum Fritieren
3 Eßl. Butter
1 Eßl. Zitronensaft
2 Eßl. Tabasco
1 Teel. Paprika, edelsüß
Für den Bluecheese-Dip:
50 g Mayonnaise
50 g Schmand (saure Sahne mit 24 % Fett)
150 g Joghurt
2 Eßl. Zitronensaft • 1 Knoblauchzehe
100 g Blauschimmelkäse (z. B. Gorgonzola, Roquefort)
Pfeffer • Salz
Außerdem:
4 Stangen Staudensellerie
4 Möhren

• Zubereitungszeit: 40 Minuten

Pro Portion etwa: 2770 kJ/660 kcal

1

Die Hähnchenflügel putzen, waschen und in der Mitte am Gelenk durchtrennen (Seite 35). In einer tiefen Pfanne etwa 1/2 l Öl erhitzen.

2

Die Hähnchenflügel portionsweise dicht an dicht hineinlegen und ca. 8–10 Minuten fritieren, bis sie goldbraun sind. Zwischendurch einmal wenden. Hähnchenflügel mit einem Schaumlöffel herausheben und auf Küchenpapier abtropfen lassen (Seite 35). In eine große flache Schüssel geben.

3

Die Butter in einem kleinen Topf schmelzen, den Zitronensaft, den Tabasco und das Paprikapulver unterrühren und diese Mischung gleichmäßig über den Hähnchenflügeln verteilen.

4

Für den Dip in einer Schüssel die Mayonnaise, den Schmand, den Joghurt und den Zitronensaft verrühren. Die Knoblauchzehe pellen, durch die Presse drücken und unterrühren. Den Blauschimmelkäse auf einem Teller mit der Gabel zerdrücken, bis eine Paste entstanden ist, und unter die Mayonnaisencreme rühren. Pfeffern und sparsam salzen, weil der Käse schon recht salzig ist. Bis zum Servieren kühl stellen.

5

Sellerie und Möhren putzen und waschen. Längs halbieren und in mundgerechte Streifen schneiden.

6

Die Chicken Wings zusammen mit dem Dip und den Gemüsestreifen servieren.

TABASCO
McILHENNY
TABASCO
PEPPER
MADE OF SPIRIT VINE

Spareribs mit Barbecue-Sauce

Am besten sind sie vom Holzkohlengrill – und dazu ein kühles Bier.

Gelingt leicht

Zutaten für 4 Personen:
Für die Spareribs:
1,2 kg Schweinerippe, vom Metzger in 4 Teile geteilt
Für die Barbecue-Sauce:
2 Knoblauchzehen
100 ml Ketchup
1 Eßl. Tomatenmark
2 Eßl. Zitronensaft
2 Eßl. Worchestershire-Sauce
1 Eßl. Weißweinessig
1 Teel. Cayennepfeffer
2 Eßl. brauner Zucker
1 Teel. scharfer Senf
1/2 Teel. Salz
Pfeffer

Pro Portion etwa: 2540 kJ/605 kcal
Vorbereitungszeit: 15 Minuten
Garzeit: ca. 40 Minuten

!

Sie können die Spareribs auch **im Backofen** zubereiten. Den Backofen auf 230° vorheizen und die Spareribs auf ein Backblech legen. Ebenfalls 40 Minuten im Ofen (Mitte, Umluft 220°) backen und dabei ab und zu mit der Sauce bestreichen.

1

Die Schweinerippen kurz waschen und mit Küchenpapier trocknen.

2

Für die Barbecue-Sauce die Knoblauchzehen pellen und durch die Knoblauchpresse drücken. Alle Zutaten gut miteinander verrühren.

3

Die Spareribs mit der Sauce dünn bepinseln. Auf den Grill legen und 30–40 Minuten grillen, dabei einige Male wenden und immer wieder mit der Barbecue-Sauce einstreichen.

Dazu passen Baked Potatoes und Maiskolben, aber auch Salat und Baguette.

FLORIDA
Premium

Cheesecake

Der typische amerikanische Käsekuchen mit einem Boden aus Kekskrümeln.

Berühmtes Rezept

Zutaten für eine Springform
von 26 cm Ø:
200 g Butterkekse
100 g Walnußkerne
1/2 Teel. Zimt
125 g Butter
Für die Füllung:
500 g Doppelrahmfrischkäse
500 g Schmand (saure Sahne mit 24 % Fett)
2 Eigelbe
125 g Zucker

- Vorbereitungszeit: 30 Minuten
- Backzeit: 45 Minuten

Bei 12 Stück pro Stück etwa:
1990 kJ/475 kcal

!

Gut passen frische Früchte dazu, z. B. frische Erdbeeren oder Himbeeren.
Variante Schokoladen-Cheesecake: Für den Boden statt Zimt 1 Eßlöffel Kakaopulver unterrühren. Für die Füllung nur 400 g Doppelrahmfrischkäse verwenden und zusätzlich 100 g Zartbitterkuvertüre schmelzen und zugeben.

1

Für den Boden die Butterkekse durchbrechen und im Blitzhacker fein zermahlen. Die Walnüsse ebenfalls fein mahlen. Alles in eine Schüssel geben, den Zimt unterrühren. Die Butter schmelzen und gut mit der Keks-Nuß-Mischung verrühren. Die Masse bleibt leicht krümelig.

2

Den Backofen auf 170 °C vorheizen. Für die Füllung den Doppelrahmfrischkäse, den Schmand, die Eigelbe und den Zucker in einer großen Schüssel mit den Schneebesen des Handrührgerätes gründlich verquirlen, bis eine glatte Masse entstanden ist.

3

Die Keks-Nuß-Masse auf dem Boden der Springform verteilen und einen Rand formen. Teigmasse andrücken. Käse-Masse einfüllen und glattstreichen.

4

Im Backofen (Mitte, Umluft 160°) ca. 45 Minuten backen, bis der Kuchen goldgelb ist. Herausnehmen und abkühlen lassen.

Brownies

Halb Kuchen, halb Plätzchen: die kleinen Schoko-Nuß-Quadrate sind köstlich.

Gelingt leicht

Für 20–25 Stück:
200 g Butter, zimmerwarm
4 Eier, zimmerwarm
180 g Zucker
1 Päckchen Vanillezucker
175 g Zartbitterkuvertüre
100 g Walnußkerne
80 g Mehl
1/2 Teel. Backpulver
1/2 Teel. Salz

- Vorbereitungszeit: 25 Minuten
- Backzeit: 30–35 Minuten

Bei 20 Stück pro Stück etwa:
990 kJ/235 kcal

1

Die Butter, die Eier, den Zucker und den Vanillezucker in einer ausreichend großen Schüssel mit dem Handrührgerät schaumig rühren.

2

75 g von der Schokolade grob hacken und im Wasserbad schmelzen, dabei aufpassen, daß sich kein Wasserdampf auf der Schokolade niederschlägt, sonst bildet sie Klümpchen. Das Wasser sollte daher nur sieden, aber nicht sprudelnd kochen. Die geschmolzene Schokolade unter die Eimasse rühren.

3

Den Backofen auf 180° vorheizen. Ein tiefes Backblech (am besten die Fettpfanne) so mit Backpapier auslegen, daß es an den Rändern hochsteht. Die Walnußkerne grob hacken. Das Mehl, das Backpulver und das Salz vermengen und unter die Eimasse rühren. Zuletzt die Walnüsse unterrühren.

4

Die Masse auf dem Backblech verteilen, sie sollte ca. 2 cm hoch sein. Wenn der Teig nicht die ganze Fläche füllt, einen dreifach gefalteten Streifen Alufolie als Begrenzung verwenden. Im Backofen (Mitte, Umluft 160°) 30–35 Minuten backen.

5

In der Zwischenzeit die übrige Kuvertüre grob hacken und ebenfalls im Wasserbad schmelzen. Das Blech aus dem Ofen nehmen und den Kuchen etwas abkühlen lassen. Die Kuvertüre mit einem Backpinsel darauf streichen, trocknen lassen und die Brownies in ca. 20-25 Quadrate schneiden.

Hamburger zubereiten

1 Das Hackfleisch in einer Schüssel mit Salz und frisch gemahlenem Pfeffer vermengen, dabei nicht zu lange kneten, sonst wird das Fleisch zäh.

2 Flache, große Hamburger mit ca. 12 cm ø formen: Sie schrumpfen beim Grillen oder Braten zusammen. Die Burger auf den Grill oder auf ein gefettetes Backblech legen.

3 Alle Zutaten vorbereiten und zurechtlegen. Die Brötchenhälften toasten, bei größeren Mengen am besten unter dem Grill des Backofens.

4 Auf die unteren Brötchenhälften die Zutaten schichten: Salat, Burger, je nach Vorliebe Ketchup, Mayonnaise oder Senf, Tomaten, Zwiebeln. Die obere Brötchenhälften schräg drauflegen.